빨간 낮달

국립중앙도서관 출판예정도서목록(CIP)

빨간 낮달 : 남선현 시집 / 지은이: 남선현. -- 서울 : 들꽃
, 2018
p. ; cm. -- (들꽃시선 ; 139)

전남관광문화재단의 지원금으로 출판되었음
ISBN 978-89-6143-206-1 03810 : ₩8000

한국 현대시[韓國現代詩]

811.7-KDC6
895.715-DDC23 CIP2018037677

인지
생략

들꽃시선 139
빨간 낮달

지은이/남선현
펴낸이/문창길
초판인쇄/2018년 12월 01일
초판펴냄/2018년 12월 05일
펴낸곳/도서출판 들꽃
주 소/04623 서울 중구 서애로 27(필동3가) 서울캐피탈빌딩 B202호
전 화/02)2267-6833, 2273-1506
팩 스/02)2268-7067
출판등록/제2-0313호
E-mail:dlkot108@hanmail.net

값 8,000원
* 파본된 책은 바꾸어 드립니다.

ISBN 978-89-6143-206-1 03810

■ 이 시집은 전남관광문화재단의 지원금으로 출판되었습니다.

들꽃시선 139

빨간 낮달

남선현 시집

들꽃

| 자서 |

젊음이 사라진 자리는 온갖 녀석들의 천국이었는데 언제부터인가 주눅 들게 하는 개발 녀석이 발전이란 이름으로 쥐어뜯고 짓이기고 깡그리 날려버려 그마나 찾아오는 외부인마저 쫓는 것은 아닌지 모를 일이다.
그래도 읍내 빈독골 내 집 주변은 아직 녀석들의 낯익은 목소리가 반갑다. 함께 지키는 터 잡이와 철마다 다른 녀석들이 찾아와 사랑 노름하는 곳, 가끔 옆집 복실이와 야옹이가 대결을 벌여 인간들의 격투기 경기보다 더 치열하고 격하게 쌈박질을 해서 친구들을 겁먹게 해도 시간이 흐르면 늘 고요하다.

여유와 한가로움은 못 견디게 그리움을 낳지만 그래도 녀석들은 자연의 질서와 순리를 거스른 법이 없다. 아이들 소리 떠나가 버리고 없는 빈자리에는 복실이와 야옹이가 차지하고 있다. 그리고 겁대가리 없는 수탉 녀석은 시도 때도 모르고 소리를 고래고래 지르며 대장노릇하고, 폴짝폴짝 뛰는 방아깨비 도마뱀 거미 파리 모기 지렁이 등등……,

온갖 새들 그중에도 꾀꼬리 녀석의 잠 깨우며 약 올리는 소리, 그리고 풀벌레 소리 인간이 떠난 자리에는 녀석들의 살아가는 행위가 일상으로 자리 잡은 지 오래다.

제발 이 모든 걸 젊은이와 아이들이 채워 함께 나눌 수 있다면, 하는 간절한 소망으로 주변의 소소한 얘기를 묶고 다듬어 여기에 집을 짓고, 3개의 방을 만들어 여러분을 초대했다. 살찌고 질 좋은 음식과 풍성하고 넉넉한 얘기를 찾아 함께 나누고 싶은 바램을 가져본다. 비록 강력한 발전으로 인해 부자가 될 수 없고, 간드러지고 현학적이고 유혹할 안주도 없지만 그래도 원자력이나 바람개비(풍력발전) 판넬이 덮인(태양광 발전) 무분별한 난개발 녀석들은 없기에 그래서 한층 여유롭고 인간 냄새 나며, 사랑할 수 있는 동기를 부여받아 채워 놓을 수 있지 않았나 생각하며, 빈독골 녀석들과 집을 짓는데 힘을 보탠 모든 분께 감사드린다.

2018년 가을 빈독골에서

남선현 드림

차례

자서 / 4

제1부 간극

문풍지 _10
나목裸木 _12
간극間隙 _14
그믐치 _16
구~구 _17
노오란 리본(귀환) _18
고요 _20
마주하는 것 _21
보고 싶다 _22
산다는 것은 _23
삼월의 마지막 날 _24
개불알꽃 _25
빨간 낮달 _26
머뭄터 _28
사월은 _29
임금님 귀는 당나귀 귀 _30
찬비 내리는 날 _32
처방處方 _34
토렴 _36
홍역 _38
쭉정이 _39
돈 _41

제2부 갈앓이

어찌 첫사랑뿐이랴 _44
잠두에서 _46
금장 해변에서 _48
내장사 마당에서 _50
갈앓이 _52
길 떠나는 당신께 _54
빛방울 떨어지는 강천사 길 _56
수채화 _58
더푸섬 _60
만개滿開 _62
도채비 _64
묵주반지 _66
삼십육점오도 컵 _68
여름 낙조를 낚던 날 _69
시詩를 모시며 _71
가을맞이 _72
으악새 _73
동창회 _75
문화식당 _77
오월 _79
소리는 황홀했다 _81

제3부 고덕에는

2018년 새해 - 붉은 닭과 황금개 _84
굴뚝 연기가 _86
부럼 _87
바늘 _89
쑥국 _91
눈 오는 날 _92
사연事緣 _94
세 여인 _95
유월을 맞으며 _96
개구리의 외침 _97
고덕에는 _99
만남 _100
무화과無花果 _102
금목서 꽃내 _103
새길을 걷다 _104
인연因緣 _106
채움 길 - 둘만의 길에서 _108
허전함의 끝은 _109
홀씨 날리면 _111
향기 _113
하현下弦 _115
행복을 낚은 하루 _117
한꾸네 살잖께 - 엽낭게 _119

작품해설 | 김옥전 · 다양하지만 한결같은 목소리의 힘 _122

제 1 부

간극

문풍지

고요가 추위를 잠재운 밤
속울음 꾸역꾸역 토해내는
문풍지 소리만 찬 서리 털며
밤새 울고 있다

황소바람 비집고 들어와
콧등 핥으니 침낭에 숨긴 몸
얼굴 묻고 그치길 기다려 보지만
문틈에서 바람과 싸우는지
온 밤을 울리고 있다

차라리 부둥켜안고 사랑놀음하지
소리라도 따뜻하게
온기마저 빼앗고 바람에 치 떨며
몸부림치는 오그라든 모습이
살아있는 밤을 지켜보는 너였더냐

붙들어 놓고 아랫목에 잠재울

용기마저 잃어가며 떨리는 손으로
따끈한 물 한 모금 입에 넣고
울어대는 문틈을 덧대며 다독여 본다.

나목裸木

무심코 하늘을 보니 검게 변한 얼굴은
울음을 머금고 그 모습 보기 싫어
앞을 바라보니 얽기 설기 덧댄
받침쇠에 노구를 의지하고
앙상한 잔뼈 실핏줄
들어낸 팽나무 한 그루

이내 나뭇 가지는 아버지의
뒷모습처럼 잔주름에
얼룩진 너그러운 얼굴로
인자함 가득 담고 다가와
힘든 모습 감추고 있다

여름날 링거에 의지해
잎을 피우고 속내를 감춘
그 모습보다
차라리 모든 걸 벗어 던진
지금의 모습이

울긋불긋 화장했던 가을의 모습보다
거짓 없는 온화함 머물게 한다.

간극間隙

저녁부터 지끈거리던 이가 탈이 났다.
뜬눈으로 새운 밤
번개치고 천둥으로 들쑤셔 놓으면
뒤틀림은 신음과 한숨뿐이다
이튿날 치과에 들러 접수하려는데
흰 비닐봉지 몇 개 놓여있다

합죽이가 된 봉지 주인들의 모습을
바라보니 오래전에 아련하게 느껴지는
어머니의 홍얼거림
고통을 참기 위해 주문 외듯
밤새 서성이며 파리해진 입술 앙당물고
가슴에 맺힌 침묵 소리 죽여 쏟아내며
오물거리던 모습 어른어른 겹치고 있다

욱신거린 놈 비틀어 뽑고 죽여 약솜 물고
계산하며 봉지를 자세히 보니
그것은 틀니였다 임플란트할 돈 없으면

틀니로 하라며 설명하는 간호사 곁엔
백발 성성한 아짐 망설이며 얼매나 살것다고
아프지나 않게 약이나 지어주랑께 잉
처방전 들고 걷기도 힘겨워 느릿느릿 약국
향하는 뒷 모습 바라보는데
희끄무렇게 멀어지는 그곳엔
빠짝 다가온 내 모습 타인처럼 스친다.

그믐치

꽁꽁 얼어 신음하는 삶을
녹이려 개는 컹컹거리고
말라붙은 가슴
적시려 하늘이 울고 있다

외면하며 찾지도 않았는데
얼어버린 서러운 산천
어쩌지 못하고
한 해의 사리 같은 눈
눈앞에 다가와 떨군 눈물들이
지붕 두드려 소리 요란하다

밤새 사부작사부작 다가와
날이 새면 잔설 덮인 빈독골
설궁은 허물어져 그리움에
갇힌 채 하염없이 눈물짓는다.

구~구

큰골에도 빈독골에도
따라다니며 구~구
귀가 따갑다 팔십일이냐
이구 십팔이더냐 슬프게 들린
울음소리가 평화롭지 않다

뭣이냐 봄이 마음 가득 차갑다
참꽃 흐드러진 골짜기에 누워
탯줄 묻힌 둔벙거리 건너보니
흙이 숨을 거두고 두꺼운 아스콘
속에서 헐떡이듯 흰 선이 늘어져 있다

구구 구슬픈 처연함이 엄습하는
자각 속에는
옳고 그름의 흐린 판단이
흩어진 발걸음에 찍힌 듯
참꽃 한입 구구 또 한입 이구
팔십일이든 십팔이든 평화여 오라

노오란 리본(귀환)

가족의 품으로 훨훨 날아 세상 길 떠나는
아홉 마리 나비 찾아 목포 신항을 서성이며
삼 년 전 사월 십육일 그날을 떠올린다

애타는 기다림 아직도 떠도는 님들의 부딪힘
천칠십삼일 맹골수도 거친 파도 잠재우며
가슴으로 녹아내린 간절함 팽목항에 남겨두고
나비가 되어 노랗게 훨훨 날아
목포 신항 철망 사이로 나부끼고 있다

상처 안고 흐느끼는 절절함
가슴에 내린 비가 그리운 나비 되어
세월 삼킨 채 아직도 가족 품에 안기지 못한
아홉 명의 천사는 그렇게 오늘도 희뿌연
눈물 뿌리며 깊이 외치다 가슴에 내려앉아
덩그런 쇳덩이에 묻혀 이 땅의 아픔을
몽땅 그리고 있다

삼백사 명 저승으로 보낸 행위자들의
무책임 안전 불감증 몰지각 간악함을
잔뜩 처먹고 배 터져 널브러진
포식자의 부끄럼 없는 민낯 보이듯
세월호는 옆으로 누워 똥물을 쏟아 내고 있다.

- 2017. 4. 16 목포 신항에서

고요

개 팔아요?
개 삽니다

옆집 복실이
그렇게 까불더니
어디 있는지

스피커 멈춘 골목
숨소리조차
더위에 묻힌 듯
초복 지난 꼬부랑 길

덜덜 떨게 한
한파가 울음까지 데우고 있다.

마주하는 것

산동네 비탈길
입속에 머물다
배설되지 못한 채
어둠 속에 뿌려진
한숨이여

늘 긴장을 놓지 못해
배앓이하며
서로를 필요로 하지만
성성한 몸뚱이 맞닿으면

아우성치던 숨소리 멎어
평온 속의 하루는
새 찬 바람 실바람 되고

가파른 골목길 오갈 때
입안으로 불을 뿜고 있다.

보고 싶다

창가에 서서 멍 ~ 한 눈동자로
흐르는 빗방울 따라 숨가쁜 일정
정리해 본다
뭐가 그렇게 바쁜지
일상의 허기짐이 끝없는 소용돌이에
침전돼 살아 있음을 잊어버리려
목줄 핏대 세워 몸부림쳐도
늘 혼자란 것을 일깨우고
빗방울 젖어 든 땅 마름처럼
부어도 부어도 채워지지 않는
갈증 난 그리움
씁쓰레한 뒷맛 남기고
마지막을 비어둔 채 어둠 헤매다
흐르는 냇가에 멈춰 펌프질하고 있는데

산다는 것은

춤추듯 날뛰는 온 가슴
넋 나간 정신 붙잡고
함께 하자 안달이다

꿈 자락 휘어잡고
허~ 어 실실
가슴에 맡기고 싶지만
잘난 양심이
야유해 매몰되고

어정쩡한 정신은
싸늘한 들판에서 미쳐
날뛰다
제 자리에 돌아오면
육체는 헐떡거리며
상처를 감싸 안고
흐느끼고 있는데

삼월의 마지막 날

냉기 돌던 집안이 푸릇푸릇 물들고
제멋대로 핀 수선화는 고단한 정신
깨우게 하고 뒤곁에 핀 앵두꽃은
흐드러진 꽃잎 날리며 반긴다

어쩜 저렇게 흰 자태 뽐내며
언제부터 피기 시작한 것일까
목련, 배, 자두, 냉이 찔레꽃
온통 꽃과 푸성귀에 쌓인 집안

알싸한 흙냄새
세속 것들 사라지고
개울가에 얼굴 비춰 보면
세상 떠돌며 묻은 때
맑게 씻겨져 잔물결 흔들 때
다슬기 한 마리 귀찮듯 구르고

개불알꽃

봄비 오던 날 대중목욕탕에는
봄까치 꽃이 늘어져 북적거리고
차가운 마중물에 생기를 찾아
파뿌리가 된 숲 사이 누워 있다

꽃이여 생명이여 윤회의 억 겁이여
요강 지린내 진자리가 돈주머니가
되어 피고 지며 새로운 세상 열고
한물에 웅성거리는 탕 속의 세상은
함께 느끼는 알싸함 뽀글거린다

사월 농사철이 되었나 연록이
물든 들판에 이슬 먹은 봄까치
수줍은 듯 낯설게 방긋 웃는데
거시기 소리는 딸랑딸랑 요란도허다

빨간 낮달

꼬부랑길을 걷다 떨어진
초롱한 봉숭아 꽃잎 모아
손톱에 물들인 여름날이 지나고
그곳엔 가을 코스모스 흐드러져
하늘거린다

봉숭아 손톱에 올려놓고
밤을 지새웠던 여름날의 기억이
버얼건 낮달로 손끝을 타고 올라
가슴에 멈추면 멀얼건 달빛
세월을 먹으며 계절 끝에 매달려
두니를 잇고 있다

손톱 끝에 매달린 그믐달
맞잡고 걷다 바라보면
설레임으로 물들였던 계절은
소리 없이 조금씩 사랑을 먹고
기울게 하여 그믐달이 된

포름한 가을날

손등을 부비며 토닥이듯
가을인가 되뇌이면
빙그레 미소 짓는 계절은
첫눈이 오고 손톱에서 사라진
빨간 낮달은 마음에 떠 있다.

머뭄터

나른하다 밤샘 작업에
무거워진 눈꺼풀
찔끔 감으면 느껴지는
젊음의 미소여

덜커덩 소리
땅속 쇳길 지나 강 건너
자장가로 들려올 때
육감은 동네 머뭄터 알리고

어제 새벽 여명을 등에
업고 가던 길 되돌아
둥지에 똬리 틀면
황금빛 피로 쏟아져

천둥번개벼락 치는 밝음이 있다.

사월은

이 땅의 서러움
되새겨놓은 유채가
물결 이루면 슬픔의
언저리는 산이 되었다

칸칸이 찍은 동그라미
붉게 타올라 눈시울 적시고
핏빛은 어느새 연둣빛
햇살 품고 떠나려 한다

생살 찢어 갈라놓은
허리 휘어잡고 속으로
참아야 했기에 73년의
아픔은 자지러져 버린다

끝자락에 서서 위정자들의
꽃놀이도 감흥 없이 덤덤함은
눈물 속에 씻긴 사월이기에
아리게 떠나고 있다.

임금님 귀는 당나귀 귀

오랫동안 병원에 입원해 있다가 집에 돌아온
몽돌아재가 씩씩거리고 있다
워메 환장 하것능거 어떤 상열이것들이
저그 산허리 습진 곳 하늘하늘 안개피면
무작에 이쁜디 웬 작것들이 뭉개부럿당가
에말이요 영감 인자 그만하씨오
포도시 낫어 온 빙 도지것쏘
연신 아짐이 아재 건강 염려하며
말리고 계시다 한마디 거든다

그랑께 말이여 맬갑시 길 낸다고
또 어쩌자고 바랑개빈가 뭔가
떠와죽것는디 때양 거시기 한다고
글고 쩌그 쩌쪽엔 뚝막아 농사짓것다고
해놓고 뱅장 맨들어 앵앵거리고
그 뭐어다냐 묵고살것다고 그랑것이여
근디 저라고 뭉개농께
장맛비에 방천나서 꼬치밭 뭉개불고

고살 꼬랑 넘쳐서 옴싹 떠내려가고
바람길 열어 주던 봉오리를
및날미칠을 문질러 흔적도 없이
맨들고 이것이 뭔 조환지 몰겄네

뭉개부럿당께 어따 팔짝 뛰겄당께
이것을 그랑것이 누구 짓거리랑가
낫어서 왔는디 이꼴본께 없던 빙도 도지겄네
아따 참말로 아따 참말로

아재 열불이 떵떵거리는 땅을 부글거리게 한다.

찬비 내리는 날

마른 잎 휘날리더니
찬바람에 섞여 흐드러진
비명소리 빈독골 가득
이유조차 모르는 일이
가장 괴로운 아픔인 것을

밤새워 소담소담 피워낸 꽃들
뜯기는 아픔 견디며 힘겹게
간들거림은 아픔을 잊기 위해
내지르는 향기인 것을

찬비에 앙상하게 드러낸 민낯 그대로
그리움 안고 매달린 아픔은
아픔이 아니어서 저리도 눈부실까

물들지 못하고 시들지 못한 마지막 한 잎
애처로워 휘둘지 못하고
공중에 매달려 굳은 웃비 낮달이 지펴

피워낸 무지개 산허리 가르며 날고 있다.

처방處方

지끈거리고 가슴 답답해
봄을 받아들고 잘룽치 샛길 걸어본다

언 땅 녹인 실개천 물소리
녹녹한 거름 냄새 풋풋한 쑥 향
냉이가 쫑긋쫑긋
푸르게 밭을 단장하고 있다

호젓함이 이렇게 평온할까
둔벙에 가둬 둔 푸른 물 발자국 소리
들으며 논둑에 앉아 앞을 보니
샛길이 끝없이 이어져
속삭이듯 옛이야기 전해준다

질곡 속에 감춘 해묵은 때 벗겨내면
무심코 입에 문 풀잎 쌉싸름한 추억들이
몸속에 파고든 오독 씻어내려
비워둔 마음 채우고 한입 크게 호흡 하면

발걸음 가벼워져 주변을 날고 있다

토렴

국밥이 뜨끈하다 싸늘히 식어가는
지갑 속의 밥과 펄펄 끓인 밥상머리
노동이 요리조리 섞인 땀과 쉼 없는
움직임의 댓가는 두둑하게 뜨거워진
감각 또한 얼얼한 순간 녹초가 돼
지친 모습 감추며 한술 떠 입속에 넣고
따스한 토렴에 젖는다

글자를 알고 편지를 부쳐온 아이의
앙증스런 글씨가 귀염 가득 이쁨 가득
메말라가는 감성을 데워 주고
삐뚤빼뚤 국물 속 맛깔스런 손편지
주고받는 맘과 마음은 포근 따끈
웃음과 설렘 피워내는 뚝배기의
딸그락거림은 까칠하게 굳어가는
세월의 차가움을 데운다

차갑게 식어가는 세월에 씻겨

행주에 닦인 차가움과 현실에 찌들어
잊어버린 불덩이가 활활 타며 토렴이
시작되면 서로의 만남은 하루가 짧고
애기꽃은 시간을 녹여 뜨차를 반복해
수 만송이 꽃을 피워 켜켜이 쌓아놓고
돌아서면 향기에 젖은 꽃잎 하나 찬 가슴
파고들어 따뜻한 진국이 되어있다.

홍역

온몸에 퍼진 정신적 충격이
발열되어 거친 뇌리에 숨어
사악한 기운을 넘치게 한다.

소통 협의 촘촘히 박힌
독선과 아집에 악취만 폴폴
귀와 눈과 입이 고열로 바삭거리고
가득 퍼진 열꽃 냉소만 피운다.

토론 홍역 협치 질서 대화
생각의 끝은 이해의 함몰
깊숙이 파고든 상처 자국은
또 다른 세상을 꿈꾸며
정신 다독여 환하게 타오른다.

쭉정이

땡볕에서 도리깨질하다
튀는 놈 붙들어
자루에 쓸어 넣고
건불 쭉정이
온갖 것 바람에 날리면
홀연히 벗어 던진 껍질
알갱이 한곳에 쌓인다

힘겨워 내려앉은 쭉정이
절구통에 넣고 부셔
벗지 못한 누더기
반쯤 두드리다
욕심껏 움켜쥐고
챙이로 까불러 다시 고른다

쭉쟁이 인지 알갱이인지
뒤죽박죽 엉키고 설켜
날리고 두드려 하나로 만들어도

알곡이 될 수 없는 쭉정이
아궁이 속에 쓰셔 넣고
불타는 잔상 지켜보면
오글오글 심장 타는 냄새
땀에 젖어 얼굴을 훔치게 한다.

돈

쩐 질하며 우롱하는 탐욕자의 행포에
간댕이는 부어오르고 뒤틀린 역겨움이
야금야금 흘러들어 마비된 옳음
나 아니면 설마 하고 힐끔거릴 뿐이다

어이 자네동네 얼마 주던가 삼천
워 뭐 우리는 오천 내놓든디
그람 그쪽이 더 심한갑네
그게 뭔 소리여 고것 받고 끝내 부렀어
그람 어쩔 것이어 후손이고 뭐고 내일이
어딨단가 그냥 주는 것 묵고 편하면 되제

이백주고 가래침 뱉고 돌림 빵 놓고
참혹하게 만든 넘은 웃고 당한 자는
두려움에 떨고 있는 현실
어디 이것뿐이랴 쩐 앞에 쩔고
무력해진 우리는 이 땅은 자연은
법도 정의도 뒤집혀 한 맺힌 한숨뿐이다.

숲에게는 묻지도 않고 아작내는 인간들은
민둥한 자연 보고 태양과 싸우라 하고
물과 산을 놓고 쩐질하며 고깃덩어리
떼 주듯 토막 쳐서 옜따 먹고 떨어져라
하며 비웃는 건 아닌지.

제 2 부

갈앓이

어찌 첫사랑뿐이랴

바람 따라 떠돌다 찾아든 밤
밖에는 쉴 새 없이 눈 내리고
언덕 가로수 알몸으로 버티며
소리 없이 다가오는 눈송이
받아 안고 비벼대고 있다

빌딩 숲과 어둠 지우려 하얗게 덧칠하는 시간
목 놓아 부른 소리가 찬바람과 쓸쓸함이
휩쓴 개집머리 잡으러 길을 나선다
뚜벅뚜벅 한산한 거리 걷다 앞을 보면
화려한 불빛 눈빛에 투영돼
원색으로 변해 바람과 부딪혀
괴성을 지르며 스산함 철렁이게 한다

약속 시간 지나고 기다림은
담담한 막연함이 드리워지며
혹시 하고 엄습하는 궁금함
흘러나온 음악 소리마저

듣지 못할 즈음 창밖
목도리로 감싸고 걸어오는
불안함이 눈 속으로 날리고 있었다

순간 미소를 감추고 우리는 걸었다
시공간을 오가며 마음을 나누고
서로의 세상을 꿈꾸며
얼어붙은 마음 녹이고 있다
어릴 적 가졌던 애틋함 돌아서면
생각나는 그리움을 끊어버리지 못하고
눈은 내리고 둘만의 세상은
개집머리도 차가운 눈보라도 빙판길
빌빌거리며 역주행하는 운전자의 애달픔도
하얀 밤을 바꿀 수는 없었다.

잠두에서

가을비 오는 날
학창 시절 생각하며
몸을 맡겨 잠두로 향했다
거리의 단풍이 연인 되고
꼬불거린 그 길은 알 듯 모를 듯
아름다운 세상 남겨놓고 가버린
슬픔이여 아픔이여 기쁨이여

웃고 느끼고 춤추며 잠두를 밝힌 밤
우리는 그렇게 연인이 되고 이웃이 되었지
어릴 적 가을 시제 모시며 유자 얻기 위해
배 아프다고 도망친 애는 이제 환한 미소로
옛일 추억하며 문삼석 오순택 국어책에
나오는 목일신 선생의 자전거도 탔고
그냥 그렇게 징검돌과 함께이었지

뒤척인 어둠속에서 여명을 느낀

먼 바다와 안개에 묻혀 잠 못 이룬 시간
온탕을 누르고 춥다고 움츠린
젊음과 주변의 새소리 속울음 우는 흐느낌을
하늘에서 들어줄까 무화과의 꽃은 보았을까
감추어진 어둠은 밝게 떠오르는데

금장 해변에서

파도에 쓸리는 몽돌의 세월 자르르 쓰르르
목장성 따라 용두봉으로 치닫는 말발굽 소리인가
고즈넉한 해변 적대봉에서 널따란 옥룡골에서
병풍 삼아 바람과 눈물과 생활의 편린 뿌려
금으로 태어나 밝으래 떠오르고 있다

해무가 출렁이면 극 남쪽 시산 희미한 등불
뱃머리 벗 삼아 파도에 실으면 만선의 기쁨
소슬거린 파도 일렁이며 쏴~아 싸 쌀 쌀
어느새 가깝게 다가선 검푸른 조각들
바람에 실려 금장을 휘감고 햇살 뿜는다

물결에 내려앉은 달그림자와 해송 틈새로
반짝이는 별빛과 한잔의 추억들이
연인의 입 속에 녹아들고
몽골 텐트 언저리에 느껴진 속삭임
농익은 주홍빛 글씨로 젖어

해변은 기억의 저편 바다와
땅의 연금술로 신화를 쓰고 있다.

내장사 마당에서

따스한 봄날 대웅전을 걸어
나오는 삼천년 된 아니 삼백 년
백오십 년 그것도 아닌
육십 년을 기다린 우담바라를
우담바라를 품에 안고 봄을 먹었다

한 세상 기다리며 간절히 찾아
헤맨 내 안의 내가 두 팔 벌리면
활짝 핀 하늘의 미소가
켜켜이 쌓인 멍울 가시게 하고
꽃을 부비부비 온몸에 문지르면
피다 시든 웃음꽃 마음에 저민다

백년 만에 몸을 사르며 핀
고구마 꽃도 아닌 우담바라가
내장사 마당에 핀 채로 걸어와
품에 안겨 속울음을 울 때

두니는 하나가 되어 새날 새롭게
길을 걷듯 마음을 피우고 있다.

갈앓이

빈독골 밤새 하늘이 울고 있다
많이 외롭고 쓸쓸한지
천둥번개 데리고
험상궂은 음성으로 들썩이며
흔들어 깨우고 있다

때론 사무쳐 흐느끼듯 몸부림치며
쓸쓸히 나직한 음성으로 서럽게
울음 울어 온 누리를 적시고
눈물에 노래마저 젖어버린
녀석들은 고요를 허허롭게 달래가며
몸부림치듯 소리를 고래고래 질러도
묻힌 노래는 되살아나지 않는다

매일 아침을 깨우던 옆집
수탉 녀석도 하늘의 울음소리에
주눅 들었는지 새벽을 잃어버리고

옹알옹알 가슴앓이하듯 졸고 있다
잘났다고 주정하던 풀벌레 녀석들은
천둥번개 큰 기침 한방에 기가 꺾여
움츠리고 있는지 들리지 않고
흘린 눈물 지붕에 부딪치는 소리만 요란하다

어둠이 밝아오는 흐름 속에 울음 그치고
눈물이 천둥번개 데리고 떠나가니 수탉도
풀벌레도 시간을 잊은 채 참았던 노래
부르듯 여기저기서 존재감 뽐내고
가을은 성큼 다가와 살살거리며 나뭇잎
흔들어 설렌 가슴 태우고 잔불 일렁이며
바람타고 훨훨 여기저기 지피고 있다 불을.

길 떠나는 당신께

턱밑까지 치민 눈물 삼키려
이를 깨물고 가슴에 새긴 또렷한
자국 시리도록 아파 와
움켜진 눈물 잿빛으로 핥고
상산포에 내려앉아 통곡하고 있다

당신이 남긴 묵주반지 만지며
하늘 바라보니 희미한 그림자
맴도는 세월의 언저리에
못 다한 사연 켜켜이 묻어
타인의 가슴에 남긴 한 송이
꽃이 되어 지켜보고 있다

침묵 속 하늘에 아련히 떠오른 지난날
평온함 속에 날리고 욱신거린 정신은
당신이 남긴 반지 돌리며
참으려 애쓴 이슬 같은 방울 어느새

두 뺨 적셔 일그러진 아픔과 그리움
먼 바다에 띄워놓고
길 떠나는 당신께 안녕을 고하고 있다.

빛방울 떨어지는 강천사 길

잎 사이로 스며든 볕뉘에
몸을 맡기면 옴싹인 빛방울
쏟아진 사연 가득 가슴 파고들고
맞잡은 손 타고 비어가는 설렘
채워놓으면 다람쥐가 감춰 둔
해묵은 도토리 한 톨
꾸깃꾸깃 움트려 연녹색 하늘하늘
세상을 사고팔며 쓰다 모은
동전처럼 똥글똥글 볕뉘에
새겨놓아 두 마음 하나로 이었다

둥그런 빛방울 손끝 발끝 스치고
떨어져 주변으로 구르면
다람쥐 똥구에 연인의 발치
사이에 녹아 푸른 잎 색칠하며
뾰쭘한 잎은 꽃을 꽃은 잎을
그리워하는 것일까

새침한 상사화 홀로서서
허전함 잊으려 울먹웃음 짓는다

굽어 휘어놓은 데크 따라 오르내리면
헉헉 묻어두고 쌓아둔 옹이를
뱉고 토하고 삭이며 나누는 사과 한 쪽
귓속에 쟁쟁히는 풀벌레소리 소화제 되고
굳세게 너덜거리는 정신을
뽀뽀하며 한입에 넣고 잔잔히 음미하면
세상은 새록새록 빛방울 쏟고 있다.

수채화

가을 어스름한 시간 빈독골 하늘은 온통
안개비가 하얗게 화선지 되고 앞 뒷산 숲은
검푸른 그리움으로 덧칠을 하고 있다

흐릿흐릿 날리는 풀섶엔 목련나무와 팔짱끼고
풀 깃을 헤집고 빼꼼히 돋아 나온 옥잠화
흰 옥비녀 8개 조용히 사랑을 나눈 징표로
속삭이듯 흔들리면 피리를 불 듯
벌레소리 촐래 촐래 이어지고
달개비는 닭의 밑씻개인지 아닌지
파란 코끼리 형상으로
떼를 지어 순간을 즐기며 마당을 채우고
꽃무릇 듬성듬성 애절한 사랑 이룰 수 없어
애처롭게 잎을 부르듯 못다한 그리움 나누고 있다

모과 금목서 무화과나무 대문이 왕관을 쓰고
집안을 살피듯 넝쿨나무가 적당한 몸짓으로

방한잎 부르면 향기를 안주 삼아 풀벌레가
합창하는 앞마당 하늘에는 점점 어둠이
검은 색깔로 물들어 가고
마음을 맑게 비춰주는 두니의 얼굴이
미소 가득 밝은 가로등에 반추되면
가슴으로 피어나는 밤은
오늘도 잿빛을 무지개로 바꿔놓고 있다.

더푸섬

모슬포 항에서 배를 타고
슬렁슬렁 주변 살피면
검푸른 파도 헤치는
배 잔등으로 흰 갈기 날릴 때
멀리 바라보이는 송악산
섯알오름 누워계신 4.3의 희생양께
머리 숙여 두 손 모아 영면을 기원했다

선착장에서 해안 길 따라 동쪽으로
지나며 파도가 들려준 소슬거림에
본도를 바라보면 송악산과 산방산
갓 모양 하고 굴곡진 얘기 전하려
둥둥 떠올라 잊을 수 없도록 구름
스치면 잰걸음으로 내닫고 있다

노닥노닥 청보리 밭 푸르름과
사잇길로 이어지는 노란 유채

알록달록 무꽃 맑은 햇살
우리는 그렇게 가파도가 들려준
사월을 노래하며 장단을 맞췄다

고즈넉한 마을 물미역 사 들고
추억 만들기에 여념 없는 끼리끼리의
모습 바라보며 쉴 새 없이 들려오는
무수한 속삭임 거르며 모둠회에
막걸리 잔 기울며 더푸섬이 주는
넉넉함과 코끝에 스치는 청보리 내음
머뭇머뭇 발길 붙잡아 놓고 세월 따라
흐르는 푸른 하늘을 먹는다.

만개滿開

느낌마저 잊은 채
시간 속에 묻혀버린
게으른 알량함
털어 버리고 떠나보련다

물오른 뽀굿한 꽃술
입맞춤에 짜릿함 펴지면
지독하게 무뎌진 촉수
코끝에 머물고

치장하고 유혹하는
철쭉 품에 안겨 잃어버린
분내 찾아 헤매 보련다

살랑대는 봄기운
산허리 감고 돌아 머무는 곳
천연한 때깔과 풋풋함

찌든 세속의 퀴퀴함까지
순연純然의 모습
그대로 계절 먹고 있음이

도채비

빈독골 뒷마당 봄부터 자란 녀석들이
울을 넘어 밖으로 뻗쳐
옆집 할매 잔소리에 풀 매려 들여다보니
그곳엔 닭 벼슬 같은 자주색 코끼리가 여러 마리
기웃거리고 까마중 우슬 비수리 새우도 거꾸로 서 있고
이것 참 어떤 것을 매야 하나
요것은 구절초 국화 들깨 방풍 와송 원추리 박하 미나리
뭣이어 이렇게 따지고 보면 뽑아낼 것이 없는데
할매는 만날 때마다
워뭐 뭣하요 풀 좀 매불제 그냥 둔께 동네 사람들이
밤마다 그 집에 도채빈가 파란 귀신인가
돌아댕김서 요상한 춤을 춘다고 한당께 하며 혀를 찬다

어쩔 수 없이 날잡아 녀석들과 이별 해야겠다 생각하고
장갑 끼고 장화 신고 보리 떼 모자 눌러쓰고
차근차근 잡히는 대로 뽑아 가는데
땀은 온몸을 휘어 감고 장화 속이 흥건해지고

떨어지는 방울은 꽃잎의 지렁이 등을 때리며
어지럽게 쏟아 떨어지며 날아가는 방앗개비를 쫓는다.

어둠이 내리면 뒷마당에서 춤추며 노는 녀석들이
개똥 딱정 비단 무당벌레이란 걸 알기에 지켜보며
함께 살고 있는 것을 농약 없는 이곳 찾아
밤마다 주인께 감사 축제 벌이는 기특한 녀석들
지렁이 나비 벌 달팽이 파리 모기 거미 이름 모를
녀석들과 놀이하며 밝힌 화려한 불꽃놀이가
풀 메고 난 후의 밤은 싸늘한 어둠뿐이다.

묵주반지

걸으며 하늘 보니 어둠속에
빛나는 별과 십자가 그리고
손가락에 깍지 같은 묵주반지
그 사이로 구름이 스친다

가슴이 시려와 웅크려
입맞춤 해 보지만
차가운 눈물 주렁주렁
뇌리에 박혀 칼로 에듯
몸뚱이 깊이 파고든다

보는 이 아무도 없는 선달
성근 별 주변 후미진 곳
가슴으로 세상 향해
소리치며 온갖 것 쏟아내려
미소 짓는데 하나 둘 쌓여있는
묵주에 얽힌 사연들 똬리 틀고

독초로 화려하게 깨어나고 있다

이런 된장 오늘은 까치설날
내일은 우리 설날인데
힘의 불균형 늘 이렇게
몇 알의 기억 속에 우겨넣고
뒤척이어야 하는 걸까

식어가는 눈망울
힘겹게 흔들리며 초점 잃고
가슴 태우는데

삼십육점오도 컵

태어나 처음 마주한 냄새는
어미가 내민 젖이었지
소리보다 울음보다 먼저
세상을 맛보게 빚은 그릇

탯줄은 영줄 이던가 그럼
먹고 마시며 오감을 느끼게
하는 삼십육점오도 컵은
정녕 교감을 나누는 원초적
기쁨과 짜릿함 아니던가

아 ~ 이 보드라운 촉감
목마름 적셔주는 뭉툭함이여
솟아오르는 여러 생각이여
마주치는 컵 속에 담긴
무수히 많은 향기가 녹아
오랫동안 찾아 헤맨 허전함이
넉넉함으로 바꿔 숨 쉬고 있습니다.

여름 낙조를 낚던 날

아무도 없는 휘돌아가는
풍류 바닷가 바위에 걸터앉아
낚싯대 드리우고 가물가물
생각나는 것들 미끼 삼아
들물에 던져놓고

노래 한가락 뽑다 보면
낚시에 걸린 모정의 세월
봄날은 간다
흥얼흥얼 느껴지는
두서없는 독백들

평전 선생이 잡은 시어에 잦아들어
미늘에 꿰인 묵직한 월척이
입술 가르며 핏물 튀길 때
휘청이는 세월의 파도
풍류에 젖어 들고

붉은 노을 크렁크렁 바닷물 썰면
바위에 핀 물잎새
들고남의 뒤곁에 절어
돌부리에 걸려있는 땡볕 재우고

담배 연기 피실 포실 피어올라
구름 띠 되면
그리움 줄에 걸려 출렁이고
낚인 낙조 흔들흔들 저릿저릿
흩어지며 흐느끼고 있다.

시詩를 모시며

깊은 수렁에 빠져 허우적거리다
끝내 굳어버린 시간들
바람에 휩쓸려 토닥거리고
꿈틀거린 핏줄 메마른 정신 적셔
새로운 시작 강요하고 있다

당하고, 이용하고 ,죽고, 죽이고
찌꺼기마저 사라진 감정들
녀석에게 붙들려 뜨거운 가슴으로
지피려 한다

암담한 현실 기대고 싶은 간절함
처참하게 외면당한 사회의 속성
그나마 같이 할 수 있는
네가 있어 넉넉함 얻으려 한다.

가을맞이

언제나 같은 자리 맴돌다 돌아서면
이름 모를 풀꽃이 빼꼼히 돋고
우악스럽게 밟힌 그 자리에는
끈덕지게 일어서는 생명의 환희 넘실거린다

뭐가 그렇게 급한지 알몸으로 얼굴부터 내민 상사화
쑥부쟁이 사이로 옴싹옴싹 피어난 솔 꽃
휘돌아 보면 빨갛게 단장한 속살로 유혹의 손길
기다리는 석류 메마른 강아지풀 곁에는 금목서
짙은 향기 뿜어 빈독골 물들이고 있다

어둠이 내리면 반딧불이 메밀꽃 사이에서 춤추고
엉거주춤 녀석 쫓다 고개 들면
별이 쏟아질 것 같아 흠칫 그녀를 안으면
달빛에 비친 포만감 가슴에 전해지고
마음과 마음 서로를 확인할 때는
빈독골 가을은 또 다른 옷을 입고 있으니

으악새

하얗게 누워 물결치는
벌판에 초롬하게 앉아
찾아온 기쁨이 땀방울에 맺혀
구름처럼 훨훨 능선 타고 날 때
계절은 시월을 넘어 찬바람 몰고
툴툴 가슴 여미고 있다.

함몰된 시간 되새김하면
어제 그리고 오늘 또 내일 수많은
으악새에 새긴 사연들 하나 둘
쿡쿡 패인 자국처럼 아려오는
애태운 보고픔 무리에 맞기고
허허로이 하늘 보면
바람에 날리는 기억 하나
간절하게 맴돌고 있다.

희미한 가슴앓이도 있으려니

아픔도 주변의 아련한 기억도
철철 흐르는 숨 막힌 변화도
으악새는 사각사각 계절 따라
가파름과 평온함과 험한
비바람 부대끼며 스삭 스삭
온몸으로 노래하고 있다.

동창회

한 해가 저물어가는 섣달
음식점에서 모임 있던 날
눈이 내리고 눈썹달은
가물거물 어릴 적 크리스마스
카드에 뿌려지던 흰 물감처럼
차곡차곡 학창시절
기억으로 돌아가고 있다

영임해서 찾아온 자리에는
소싯적 열루와서 말 못하고
발그레한 얼굴로 머뭇거리던
머임아 가이네가 무자게 멋진
중년의 모습으로 멋스럽게
미소와 웃음 한 숭배 돌다 보면
일상은 저~ 그 고흥 땅 곳곳의
스치는 바람까지 그립게 한다

머시기 거시기 거 모다 잘 있제
전번 날에 우쩌서 못왔능가
궁금해서 죽어 분줄 알았네
모임에는 시방 어떤 것 보다
어릴 적 변죽과 생각이 꽃이 되고
안주가 돼 입맛은 최고의 음식을
음미하고 그리움 까지 먹다 보면
일상의 아픔은 눈꽃에 묻혀
하얗게 덧칠되고 하루는 그렇게
기억되어 해와 달 속에 스며
내일 위해 쌓이고 있다.

문화식당

오랜만에 찾은 그 집
수줍어하던 새댁은
중년이 되어 반긴다.

전골을 시켜 놓고 비좁은
탁자 옆 육절기를 지나
옹팡진 방
눈요기하며 바라보니

켜켜이 쌓인 세월의 기억들
육수에 담겨 꿈틀거린 낙지의
몸부림처럼 일벗들이 튀어나와
술잔에 어린다.

일에 치어 허기질 때 찾아와
하루를 씹고 버물린 땀을 삼키면
전골은 바닥나고 얼큰한 취기로

피로를 씻던 지난날들이 한잔 가득
입안에 머물고 있다.

오월

오월의 뜰에 피어난
내 안의 내 혀니가
무던히 참고 간직한 향기
담을 넘어 점점 퍼져
옹당그린 빈독골 채우고
세상을 향해 날아오른다

치유하지 못한 아픔과
내보이지 못한 서러움
가슴에 묻어야 했던
긴 세월 소담소담
응어리진 못 다한 진실
깊게 파인 상처가
욱씬거린 오월의 나날들

탐욕과 빗나간 정체성
판단을 흐리게 하는 유혹

오월의 꽃들이 제각각
다양한 색깔로 상처를
덧씌운다 해도
내 혀니는
실버들 웃음으로 연둣빛
햇살 가득 물들이고 있다.

소리는 황홀했다

풋풋한 봄기운 완연한 강변
기찻길 아래에서 신비의 새가
노래를 부르고 있다

감동의 물결 출렁이며 바람이 일고
목마름 적시는 애절한 노래가
화음 이뤄 잔물결에 반짝인다

한 번은 바람 만들고 또 한 번은 피를 데워
박동 수를 높여 잊어버린 본능의 심경
자극하여 기쁨과 행복이 깃들게 하는 소리

그것은 바로 두니 새가
사랑 노래 부르는 기적 소리.

제 3 부

고덕에는

2018년 새해

-붉은닭과 황금개

붉은 닭 움켜잡고 벼슬 뽑아
속 침에 넣고 놓지 않으려
달배지만 여전히 그렇게 그렇듯
먼 곳으로 떠나보낸다.

얻는 것 보다 잃은 것이 많았고
어이없고 황당함에 몸서리치며
치민 화를 삭이셨다면 이제
된서리에 파리해진 언 땅 박차고
멍멍 짖어 후련하게 쫓아버리자

꿈꾸는 자의 소유와 목표를 향해
가꾸는 전리품이여
소중한 생활의 연장과 면면이 깃든
풍요의 붉은 닭소리가 황금 개 짖는
소리로 옮겨지고 있다.

새해 아침

빛나는 황금태양 온몸에 두르고
열정에 불타 꼬리치는 개를 품에 안고
설렘 가득한 미소로 세상 어루만지듯
그렇게 황금 개 목덜미를 꼬집어본다.

굴뚝 연기가

해질 무렵 까끔에 올라
빈독골 바라보니
저 건너 뭐식이 네 집에
냉갈이 모락모락
등이 굽은 엄니는
연신 장꾸방 오가고 있다

연기가 전해주는 아련한
기억들이 하나둘 되살아나 지난 과거에 젖어
과거에 젖어 들게한다

여름날 쑷죽 쑤며 피어나던 냉갈
아궁이에서 감재 궈먹던
부뚜막은 그대로인데
이젠 기다림의 댓가처럼
객지 나간 자식 놈들 집 찾아들 때
설렘 안고 흔들거리며 피어나고 있다.

부럼

애들이 머물다 간 방에 온기 남아 이불 젖히고
그 자리에 누워 방안 가득 피워 놓은 해묵은 꽃
한 아름 품에 안고 향기에 취해 잠을 청해 본다

명절 보따리 풀어놓고 따사로운 햇살에
지난날을 버물어 전 부치고 나이를 끓여
한입 가득 넣고 얼음 같은 몸을 녹이던
녀석들 마음이 온몸에 퍼져 등짝이 넉넉하다

며칠 지난 골목엔 들고양이 울음뿐
떠난 자리 시려와 스산함 깨우고
그마저 시끄러운지 컹컹대는 앞집 살살이가
아이들 웃음처럼 왈왈거린다.

어른거린 꽃들이 바람에 날려
가슴팍에 내려앉아 햇빛 저미고
애써 미소 지어보지만 흩어진 잎들
마음 안에 갇혀 다음 명절 손꼽고 있다.

이내 어디선가 들릴 듯 말 듯 매구소리
달빛 한 송이 끌어안고 하얗게 내려앉아
토닥토닥 부럼 깨물던 녀석들 이름 부르며
액운 쫓듯 사방 휘저어 선잠 감추고 있다.

바늘

고향 집 아랫목에 앉아
자울 거리다 바라보니
침침한 눈 비비며 대바늘
휘어잡고 세월을 뜨는
어미는 바늘과 한 몸이다

칭얼대는 자식 밀쳐놓고
화사한 꽃무늬에 묻혀
옷감과 재봉틀 바늘에 찔린
자국이 세월의 옷을 입고 색시는
중년이 되고 할미가 되어있다

골무 비집고 찔러대는 바늘 끝 그곳은
곱던 어미의 일생이 하얗게 핀
머리카락에 세월이 묻어
털실에 붙은 부푸러기처럼
지 새끼와 함께 지낼 딸년 못 잊어
홀로 앉아 가물거린 눈빛으로

대바늘에 말을 걸고 있다.

쑥국

우수가 지난 비양도
등대 가는 길목에서
어머님 손끝에 가득 담아 온
봄을 상은 엄마 손맛에 풀어
일상을 맛본다

보말이야기 집에서 나눠먹던
해삼물회 칼국수 죽과 등대 코끼리바위
펄랑못에서 느껴지는 보드러운 봄바람 보다
아침식사에 올려놓은 내음이 한 가득인 것은
계산할 수 없는 풍성함이 전율하기 때문이다

한수풀로 5길 32-2번지 아침
봄과 어머님 손끝에서 영그는
여러 명의 진귀한 푸른 새싹과
함께 하지 못한 현욱이네
우리는 이렇게 식탁을 채웠다.

눈 오는 날

생각이 사라지고 멈춰버린 시간
스~악 삭 스산한 댓잎 소리 귓전에
찬 서리 털듯 훑고 지나간 자리
웅크리고 앉아 무얼 생각하나
이를 앙다물고 찾아보아도 없다

떨어진 감잎 바람에 날려 흩어진
뒤뜰 바라보면 바람에 뜯겨 날리는
국화잎 눈꽃에 섞여 휘 ~윙 아우성치며
소리 질러도 대답은 없고 재잘거린
직박구리 날아와 남겨둔 까치밥 쪼며
단절된 세계로 이끌고 있다

숨가쁘게 쫓고 찾아 헤맨 지난날들
주어진 것에 대한 애환 그리고 몸부림
멈춰버린 생활의 편린 창백하게 색칠하면
빈독골은 하얗게 변하고 문틈으로 불청객
찾아들면 부르르 떨며 울먹이는 문풍지만

흐느낌 참으려 속울음 우는데.

사연事緣

겨울비 내린 빌딩숲길 사이로 푸른 용 한 마리 서성이다 말고
쉼터에 앉아 사방 둘러보면 떨어진 낙엽 사이로 스치는
속삭임 낮게 깔려 어스레한 옛 사연 하나둘 너울 타고 내려와
주변을 적셔오며 추적추적 온몸을 휘감고 젖어온다

지난 일들 간직한 계절이 불러준 못다한 노래 뇌리에 기억하며
떠나려는 너를 불러 머물게 하고 허허로이 하늘을 보니 빗물에
젖은 낙엽 하나 팔랑이며 뒹굴다 바람에 나부껴 그리움 묻은
마음에 떨어져 젖어든 축축함이 설레임 되어 찢긴 조각들
퍼즐에 맞춰놓고 스멀스멀 하늘로 되돌아간다.

하루 종일 흘리는 것이 서로 나눈 기쁨의 눈물인가
소소한 얘기 나눌 겨울날의 가녀린 속삭임일까
함께 하늘로 날지 못한 푸른 용은 먹물처럼 퍼져가는
너를 보며 허전함 달래려 기억에 의지한 얘기들이
가슴에 한 줌의 피멍 되어 방울방울 하얗게 하늘을 날아
다시 손에 전해진 따스한 전율 온몸에 퍼져 어우러지면
어느새 맺힌 알알이 비워둔 곳에 쌓이고 있다.

세 여인

외돌개 할망을 바라보며
어미와 딸과 며느리로
따스한 봄 햇살처럼
빛나는 여인이여

앉은 모습 시기하며
바람 불면 날리는 머릿결
사이로 미소 띠는
세 여인의 마음은 천상에서
못 다한 외돌괴의 환생인가

신화에 새긴 기다림과 애달픔
세 여인 대화에 녹아 묻혀버리고
소살거리는 여유로운 모습이여
훗날 외돌개보다 아름다운
신화로 곁에 남아 있으리.

유월을 맞으며

글벗이여 친구여 연인이여
봄비와 봄날은 갔다
목청 높여 부르던 젊음이여
공원 벤치에 앉아서 두니가
하나가 돼 마음 나누었던 세월이여

햇빛이 부끄러워 그늘에 숨어
열정어린 시선으로 뜨겁게
불태웠던 새로운 세상이여
소통하는 님이 보고 싶다

홀로 앉아 목청 높여
씁쓸히 세월을 음미해야 하는가
봄날은 젊음은 떠나고 연둣빛 사랑은
어느새 진한 녹색으로 바뀌려하는데

개구리의 외침

푸른 녹음이 산사를 시원케 하는 어느 날
정적을 깨는 울음소리 들려
소리 나는 곳 바라보니 절구통 물 위에
연꽃이 소담스럽게 피어있다
맑은 꽃잎에 청개구리 한 마리
구도자의 자세로 두발 들어 합장 한다

저 녀석은 언제부터 제 자리 잃고
이곳에서 울음 터뜨리고 있을까
터전까지 황소개구리에
내어 줄 수밖에 없는 현실 아쉬워하듯
인기척 나면 저렇게 울고 있나 보다

누구의 삶터인데 누가 지킨 자연인데
겁 없이 찾아든 이방인은 인간의 욕심 등에
업고 포악한 이빨 들어내 위용 자랑하고 있다

국적 없는 잡동꽃 뿜어낸 향기 독하게 자극하고

초라하게 내팽개쳐진 야생화는 끈덕지게 피어
조화롭게 자연의 모습 지키며 머금은 미소가
나를 비웃고 있는 것 같다.

바람이 불면 청량한 풍경소리
개구리 존재마저 잊은 채
산사는 만물 구도하는 위세 부리고
찾아온 모두는 그렇게 개구리를 지나치고 있다.

고덕에는

주말 가장 예쁜 모습으로
집을 나서는 가녀린 여인이 있다

흙과 오리와 주변의 파리와 모기
풀벌레와 친구가 된 오랜 세월
모질게 지켜온 여장부가 있다

한복과 자식농사 짓느라
흘려보낸 여인의 모습은 이녁
잃은 날 보다 홀로 보낸 나날이
세월을 먹었다

아름답고 애잔하다 투박한 손에 박힌
굳은살처럼 고운 모습 간직한 하루는
풀 냄새 가득 품고 훨훨 날아
계절을 맡게 하는지 생각만 해도
뭉클한 내음 코끝에 닿는데

만남

생애 화양연화라고 했다
또한 생애 시작이자 마지막이다
오월 채울 수 없는 일상의 연속은
비릿한 역겨움과 주변의 부끄러움
모르는 탐욕에 찬 페르소나의 민낯

물어 뜯고 할퀴며 서로 아픔을 휘젓듯
아귀다툼의 삶터에서 이질 된 슬픔에
하염없이 채찍 하는 잔등에 난 상처
원죄를 안고 이승에서 둘이 되어
육십 년 동안 찾아 헤맨 어느 날
하늘은 연둣빛 햇살 비추며
둘을 맺어놓고 처음인 듯 아닌 듯
아카시아 꽃향기 물든 채움길을
하나 둘 손을 맞잡고 걷게 하였다

오랜 외로움 풀어내듯 맞잡은 손이
저리고 땀이 끈적거려도 따스하고 평온함은

하늘이 정한 시간을 늘 아쉬워하며 짧은 만남을
일 년처럼 보내며 오월의 신록에 물든 마음
설레임 덧칠하여 원색의 화사함 안고 있다.

무화과無花果

장꾸방 옆 우거진 겨드랑이 사이로
꽃차례 놀짱한 달걀이 거꾸로 매달려
곤지 찍고 몸속으로 피워 올린 꽃을
벌들에게 맡기면 농익은 청춘
한 몸 되어 새와 인간을 부른다.

뱀의 유혹에 먹었던 달콤함이
눈을 밝게 하고 영리하게 했지만
벌거벗은 서로의 알몸 보았을 땐
잎으로 가려야만 했던 여인의 원죄는
흰 핏물 되어 솟는 나무의 상처 아는지
열매를 따자 꼭지에서 울음이 터진다.

어미의 젖처럼 방울방울 떨어진 유즙
벌과 까치와 파리가 반쯤 빨아 물고
우윳빛 눈물 적시면 장꾸방의 가을은
잎 사이로 토닥이는 어미의 모습 스치고
벌린 꽃내는 세상을 바꾸려 한다.

금목서 꽃내

대 바람 휘청이던 날
분내가 비어진 맘 들쑤셔
한 바퀴 싸돌면
기다리다 목이 메인 꽃무릇
잎이 돋고 떠돌던 불나방
그늘 되어 너울거린다.

밤새 뒹굴던 포름한 여인내가
옷 가락 휘어잡고
금실로 허벅지에 수놓던
과수댁의 한숨 소리 사각일 때
악머구리 자지러진 여름 날
숨죽여 울던 호젓함이
이제는 진물 나게 끈적끈적
대숲에 날리며 쓸어 내린다.

새길을 걷다

그냥 감성에 충실 하자고 했지
한번 내키는 대로 가보는 거야
이래도 되는가 망설여도 보았다
그런데 마음 편안하고 가슴은
평온하다 뭉친 감각이 없어진다

꿈인가 하고 되묻고 있지만
설명할 수가 없다 신의 축복이란
단어 말고는 표현의 단절을 느낀다
아침 얼떨결에 뽀뽀 당하고
하루 종일 상기된 얼굴로 바보가 된
얼간이 같은 현실이 좋다

새날 단절하고 단념해버린 단세포적
그리움이 새 길에 움트려는 순간이
미소를 이루고 빠르게 달리던 시간은
기다림이란 느림뱅이가 되어있고
만나면 광속을 누비는 아쉬움이

이성을 지배한 새 길에 향기를 뿌리고
못 다한 삶의 노래를 부르고 있다.

인연因緣

늘 한쪽 날개를 그리워하며
눈물 흘려야 했던 세월
채워지지 않은 외로움 그렇게
저물어가는 서녘 빛처럼
쓸쓸히 멈춰선 한쪽 날개 접고
체념 해버린 육십 년

어느 하늘 아래 한쪽 날개로
반쪽인 채 날수 없음이 서러워
무뎌진 발톱 으깨며 가슴 할퀴던
가련한 허전함이 애달퍼
울고 있음이 애처로워 하늘을
울려 방울방울 다리 되어 만든
새길 따라 하나로 만났다

만나면 이유 없는 눈물과 벅찬 감동
둘이 하나 된 전율이 손끝에서
온몸에 퍼져 두개의 날개가 되어

하루 5시간을 24시간으로 살아가는
비익조가 되어 슬픈 날갯짓하며
눈부시게 푸른 세상을 날고 있다.

채움 길

- 둘만의 길에서

모든 걸 비워버린 그곳은
한 생을 바쳐 쌓아 온 가여운
넋의 몸부림이었을까
쓸쓸함의 언저리는 늘 젖어있다

봄볕 좋은 날 아카시아 향 그윽한 자드락길
오가며 하나 둘 비워진 서로의 구석진 그리움
한 줌 가득 채워두면 흔들리는 혼미한 설렘이
파고들어 쿵 쾅 춤을 춰도 애써 외면 한다

볼품없이 시든 마음 전달된 깍지 낀 손
외로움 한 땀 먹고 아카시아 품어
꽃향기 온몸에 부풀어 하나로 떠오르고
시릿한 정겨움 나눠 묶인 허전함 달랜
그늘 아래 바람
코끝에 넘쳐 가슴에 묻힌 보석 흔들며
햇빛에 반짝인다.

허전함의 끝은

소담스럽게 핀 매미꽃
사이로 돌두막에서
두근거림의 연속은
활화산 되어 폭발하는
굉음의 외침은
고요를 깨우고 잠자던
야성을 아우성치게 하였다

쿵쾅거림은 자연의 소리에 섞여
우주를 삼키는 블랙홀 되고
이성을 굳게 하고 화석이 된
감성 되살아나 부비부비
불을 지펴 뻘겋게 타오르고
벅찬 회오리에 숨이 멎는다

입속 침 나눔은
햇살과 갈증과 가뭄에
내린 단비처럼 맑고 달콤하게

맴돌아 미소 속에 가득 감추고
두들기는 방망이는
가슴에서 점점 아래로 아래로
그곳에서 못 견뎌 미친 듯 날뛰다
제풀에 시들면 여진이 감지되는
시작은 찬란한 하루를 맞는다.

홀씨 날리면

평평 쏟아지는 눈송이를 바라보며
며칠 전 누이와 함께 홀씨 날리며
터뜨린 씨방이 시대의 아픔과 어릴적
기억이 너울너울 휘뿌려 질 때
함께 나누고 찾던 제각각 씨앗들이
몽땅 그린 채 겨울을 나고 있다.

현실 참여에 무뎌가는 자신을 다잡고
거꾸로 가는 위정자들의 정치 놀음
역겨워 눈을 감고 어릴 적 뛰어 놀던
연등리 학교로 가 본다
밤공부하며 잠들던 그때로 피어나
눈꽃이 터뜨린 홀씨가 되어
하얗게 핀 나무 위에 내려앉아
시린 몸 녹이고 있다

지난 일은 아픔 보다 아련함이 많은 걸까
어릴 적 찾던 해 질 녘 방죽 붉은 노을과

용오름 물기둥 바라보며 심호흡하고
후후 바람에 날리면 홀씨 훨훨 날아
온 누리에 퍼져 학교 뜰 한샌도
남폿불 위에 빼갱이도 눈 위 발자국처럼
하얗게 꾹꾹 찍혀 밤을 물들이고 있다.

향기

바람 부는 날 영산강 나루터
흩어진 머릿결 쓸어 올리면
쾌쾌한 홍어 삭힘 내려앉아
길가 잡다함 시끄럽게 울렁이는
정신의 끝에는 볼 것을 속삭인
따사로운 입김처럼 유채꽃 향기
샛길에 스미고 원숙미 풍기는
여인의 미소엔 봄 내음 가득하다

황포돛배 출렁출렁 파도 가르면
소소한 삭힘의 기억엔 너와 나의
기쁨이 아롱거리고 푸르게 쏘아 올린
물보라 스칠 때는 설레였던 젊은 날
되새김하며 입술의 감촉 하얗게 부서져
무지개 날아올라 잿빛을 거두었다

노란 꽃길 칠천 발자국에 새겨 놓은
둘만의 사연에 뱀이 옷을 벗어 봄 길에

던져놓은 찢긴 배신과 툭툭 건드리는
바람의 유혹 출렁이는 다리 시샘하는
햇빛 포장마차 단밤 목마름 달래주던
봄까치꽃이 강변에 널려 추임새 맞추면
연인의 향기는 시간을 먹고 오래도록
되새김 하며 스치듯 뇌리에 피어 있다.

하현下弦

한낮 이글거린 땡볕
가리지 않고 들이대며
태우려 그늘을 쫓더니
저항하는 바람에 밀려
서녘으로 파고들면

어둠을 좋아하는 반딧불이
피에 굶주려 숨어든 모구

밤새 뒤척이며 열대야와 암컷과
싸우다 바람 따라 밖엘 보면
먼산 허리에 어둠 속 하현이
개밥바라기 받쳐 들고
어둠을 쫓고 있다

밝히지 못한 어둠은 음흉한 속내 감추고
독식하듯 하현을 먹어 치워 점점 형태마저
비워지고 있다

피 빨아 불린 몸뚱이 방충망에 걸려
꼼짝 못 하고 너부러진 배때기 뒤로하고
접시에 담은 욕심 비우려 파리하게 질린
얼굴로 낮을 향해 떠나고 있다

행복을 낚은 하루

방죽에 걸터앉아
돌 틈새로 느껴지는
간지러운 햇살
갯내 풍기며 다가오는
바람에게 양보하고
드리운 낚시줄 흔들면
학꽁치란 놈이 낚시 물고
힙합을 춘다.

오락가락 재잘거린 하루
해거름에 떠나고
회 한 점 소주 한 잔에
미소 짓는 아비의 모습
서녘 노을 물들인
연분홍 빛 황혼
신神처럼 다가 와
서로를 감싸 안고

홍얼거린 갯가 바람
온몸에 젖어들면
멀리서 깜박이는 별 하나
눈망울 반사되어
대물인 행복을 낚는다.

한꾸네 살잖께

-엽낭게

한꾸네 달고왔다 휩쓸고 가면
농알농알 구르는 모래알 사이엔
청소부와 의사 사이에 내가있다

알든 모르든 지가 좋아 맨발로
살살거린 모래 밟다 보면
그곳엔 콩알콩알 빗대는 죽음이 있다

개발 게발이냐 계발이더냐
토막난 파괴 피바람 되어
구름 떼 몰고 와 검게 삼키고 있다

얼그렁 설그렁 한꾸네 살잖께
썸벅썸벅 파고드는 나는 곪다
못해 고약한 냄새만 뿌리고 있으니

혼자 있으니 후련한가 기막힌가 ~?.

| 작품해설 |

다양하지만 한결같은 목소리의 힘

김 옥 전 | 시인, 문학평론가

| 작품해설 |

다양하지만 한결같은 목소리의 힘

김 옥 전 | 시인, 문학평론가

인간은 살아가면서 끊임없이 세상과 타인의 삶을 바라보고 이들에 관여한다. 왜냐하면 사람은 사회를 떠나서 살 수 없는 존재이기 때문이다. 개중에는 -고전 시가의 경우에는 더 한층 - 깊은 산이나 바다에 틀어박혀 세상과 등진 채 살아가겠다고 선언하는 이들도 있다. 그러나 그들도 결코 온전히 세상을 떠날 수 없다. 사회와 인간이라는 범주를 바꿔서 산이나 바다라는 세상을 만들고, 자연과 사물이라는 새로운 매개체들과 인연을 맺을 뿐이기 때문이다.

특히 시인은 자신이 살아가는 세상뿐만 아니라 주변

의 모든 것에 관여하고 이에 대한 생각과 느낌을 언어라는 매개를 이용하여 표현하는 자들이다. '시인은 혁명의 대변자이기도 하고, 역사의 목소리이기도 하며 신화적 존재이거나 실질적으로 종교적인 숭배의 대상이 되기도 하지만 무엇보다 시인은 우리들이 밑줄을 그어가며 당당하게 '시' 라고 내세울 각오가 되어 있는 그 신성불가침적인 가치를 수호하는 자' 라고 말한 밀란 쿤데라의 말처럼 모든 영역에서 당당한 목소리를 내는 이가 시인이며, 남선현 시인은 이에 대표적인 시인이라고 할 수밖에 없다.

1. 엷으로 누운 세월을 바로 세우는 힘

남선현 시인의 시집 『빨간 낮달』에는 다양한 주제의 시들이 등장한다. 그만큼 시인이 바라보는 세상이 다채롭고 삶의 어느 한 부분이라도 놓치지 않으려는 '촉' 을 세우고 있는 것이다. 그중 그의 시선이 아프게 머문 장소는 우리 민족의 역사와 맞닿은 곳이다. 「4월은」이 그렇고, 「노오란 리본 (귀환)」이 그렇다. 굳이 '참여시' 라든지 '앙가주망' 이라는 용어를 사용하지 않는다 하더라도 우리 민족의 역사에서 4월은 민족의 수난과 상처로 얼룩져 있고 시인은 4월을 이렇게 만든 이들을 고발하고 지적하며, 아픈 4월을 감싸 안고 치유하려 한다.

이 땅의 서러움
되새겨 놓은 유채가
물결 이루면 슬픔의
언저리는 산이 되었다

칸칸이 찍은 동그라미
붉게 타올라 눈시울 적시고
핏빛은 어느새 연둣빛
햇살 품고 떠나려 한다

생 살 찢어 갈라놓은
허리 휘어잡고 속으로
참아야 했기에 73년의
아픔은 자지러져 버린다.

끝자락에 서서 위정자들의
꽃놀이도 감흥 없이 덤덤함은
눈물 속에 씻긴 사월이기에
아리게 떠나고 있다.

-「사월은」 전문

유채꽃 만발한 제주의 4월은 흔히 신혼의 꿈과 봄 여행으로 사방 천지가 활짝 피어난다. 그러나 이렇게 아름다운 제주는 70여 년 전 입은 커다란 상처가 옹이 져 있는 곳이기도 하다. 시인의 시에서 유채꽃은 아름다움이 아니라 '슬픔' 으로 치환된다. 산을 이룬 '슬픔' 은 시인 혼자만이 느끼는 슬픔이 아니다. 우리의 역사를 고스란히 보여주고 있는 민족의 슬픔이다. 시가 심미적 아름다움에서만 머물 수 없는 시점이기도 한 이 부분이 시인으로 하여금 '슬픔' 이 '산' 을 이루게 하였다고 보게 한다.

'생 살 찢어 갈라놓은' 사건을 견뎌야 했기에 '아픔은 자지러져 버' 릴 정도로 진저리가 났던 사건, 그런데 가해자도 피해자도 우리 민족이었다는 점에서 자기모순에 빠져야만 했던 사건을 겪으며 시인의 자의식은 민족의 집단의식을 대변하게 된다.

오랜 세월 많은 이들이 외면하려 했던 역사적 사실들을 시인들은 자꾸만 꺼내고 후벼 파려 한다. 이렇게 아름답지 못한 비판적 시어들을 앞장세워 우리 민족이 공유하고 있는 슬픔을 꺼내놓는 무엇일까. 그것은 단지 비판만을 목적으로 하는 것이 아니라 역사 속에 묻혀있는 진실을 불러 끌어안는 추모이며 제사의 의식이었을 것이다.

그는 '위정자들의//꽃놀이도 감흥 없이 덤덤' 하게 바라본다. 이것은 우리 역사의 4월이 오랜 시간을 지나오면서 '눈물 속에 씻' 기고 정화되고 승화되는 과정을 바라보는 것이기도 하다. 소위 '위정자' 로 불리는 이들은 시인이 비판하고 싶고 못마땅하게 생각하는 이들이다. 그들이 '꽃놀이' 를 한다. 시인은 그 꽃 놀이판을 뒤엎고 싶을지도 모른다. 그런데 '덤덤' 하게만 바라본다. 이는 가해자도 피해자도 내 민족이라는 데서 오는 깊은 슬픔이며 용서와 화해로 이들을 끌어안아야만 하는 사명의식 일수도 있다. 이런 식으로나마 상처를 꺼내고 되새기고 승화시켰기에 4월은 '눈물 속에 씻' 길 수 있었고 구천을 맴돌던 한도 '아리게' 나마 떠날 수 있었던 것이다.

그는 민족의 슬픔을 이렇게 위로하며 자신 또한 위로받고 있다. 그러므로 그의 시에는 삐딱한 시선이 없다. 설령 삐딱한 시선이 있다손 치더라도 그 시선 뒤에는 감싸 안음이 있다. 즉, 시인은 조롱이나 경멸 보다는 고양된 언어로 성숙하게 감정을 다스리려 한다.

> 애타는 기다림 아직도 떠도는 님들의 부딪힘
> 천칠십삼일 맹골수도 거친 파도 잠재우며
> 가슴으로 녹아내린 간절함 팽목항에 남겨두고
> 나비가 되어 노랗게 훨훨 날아
> 목포 신항 철망 사이로 나부끼고 있다
>
> 상처 안고 흐느끼는 절절함
> 가슴에 내린 비가 그리운 나비 되어
> 세월 삼킨 채 아직도 가족 품에 안기지 못한
> 아홉 명의 천사는 그렇게 오늘도 희뿌연

눈물 뿌리며 깊이 외치다 가슴에 내려앉아
덩그런 숯덩이에 묻혀 이 땅의 아픔을
몽땅 그리고 있다.

- 「노오란 리본(귀환) 일부

우리의 역사에서 커다란 상처로 남게 된 세월호 사건이 일어난 날도 공교롭게 4월이다. 제주 4 · 3사건도 4 · 19혁명도 4월에 일어났다. 시인 엘리엇이 말한 대로 '4월은 잔인한 달' 이 아닐 수 없다. 국민 모두를 패닉 상태에 빠지게 했던 세월호 사건을 주제로 시인은 또 한 번의 제사를 올린다.

'애타는 기다림' 과 염원은 시인에 의해 '나비가 되어 노랗게 훨훨 날아' 승화 된다. 절망을 정화해 희망으로 탄생시키는 힘이 시에 없다면 그것은 다만 사실을 기록하는 문서로 남을 것이다. 하지만 시는 아픈 영혼을 위로하고 재회를 기원함으로 산 자나 죽은 자 모두를 위로하는 힘이 있다. 때문에 남선현 시인에 의해 '나비' 로 재탄생된 아픔은 이제 '훨훨 날아' 갈 것을 믿는다. 그리하여 아픔도 정치적 모순도 없는 새로운 세상에서 새로운 삶을 살게 될 것을 믿는다.

이렇듯 시인은 4월의 역사를 적나라하게 세상에 보여

주고 위로한다. 누구의 눈치를 보려하지도 않는다. 그것은 '위정자' 들에 대한 두려움이나 저항 의식보다 '민중' 들에 대한 위로와 연민의식이 앞장 서 있기 때문이다. '섯알오름 누워계신 4.3의 희생양께/머리 숙여 두 손 모아 영면을 기원' (「더푸섬」)하기도 바쁜데 눈치를 살필 시간이 시인에게 있겠는가. 이런 면에서 시인은 사람과 세상에 대한 따뜻한 시선을 앞세운 올곧은 시인이라 할 수 있겠다.

2. 자연과 문명 사이에는 해학이 있다

시인의 시선은 사회와 역사에서 머물지 않는다. 그의 촉수는 그가 살아가고 있는 현실의 모든 것을 지나치지 않으려는 듯 곳곳에 세워져 있다. 그래서 시인은 늘 고단한 이들일 게다. 시인의 시선이 머문 곳은 '자연' 과 '문명' 이다. 예로부터 우리 조상은 자연을 사랑하고 자연 중심적인 사고를 가져왔다. 사물 하나하나를 존중하고 그것에 인격을 부여하고 심지어 자연이 인간을 좌우한다는 신념까지 가지고 있었다.

그러나 도시화와 함께 찾아 온 물질문명의 편리함은 '자연' 을 내몰고 '이기심' 을 들어앉혔다. 어느새 인간은 자연을 정복하고 지배할 수 있다는 특권의식을 앞세워 자신들의 욕망을 충족하기에 이르렀고 결국 인간이 물질의 지배를 받게 되는 역설적 상황에 이르렀다.

푸른 녹음이 산사를 시원케 하는 어느 날
정적을 깨는 울음소리 들려
소리 나는 곳 바라보니 절구통 물위에
연꽃이 소담스럽게 피어있다
맑은 꽃잎에 청개구리 한 마리
구도자의 자세로 두발 들어 합장 한다

저 녀석은 언제부터 제 자리 잃고
이곳에서 울음 터뜨리고 있을까
터전까지 황소개구리에
내어 줄 수밖에 없는 현실 아쉬워하듯
인기척 나면 저렇게 울고 있나 보다

누구의 삶터인데 누가 지킨 자연인데
겁 없이 찾아든 이방인은 인간의 욕심 등에
업고 포악한 이빨 들어내 위용 자랑하고 있다

국적 없는 잡동꽃 뿜어낸 향기 독하게 자극하고
초라하게 내팽개쳐진 야생화는 끈덕지게 피어
조화롭게 자연의 모습 지키며 머금은 미소가
나를 비웃고 있는 것 같다.

바람이 불면 청량한 풍경소리
개구리 존재마저 잊은 채
산사는 만물 구도하는 위세 부리고

찾아온 모두는 그렇게 개구리를 지나치고 있다.

-「개구리의 외침」 전문

시에서 시인은 '푸른 녹음이' 깔린 어느 날 산사에 간다. 그곳에는 '연꽃' 이 피어 있다. '연꽃' 은 불교의 기본 사상과 일맥상통하기 때문에 많은 시인들이 즐겨 찾는 매개체가 되곤 한다. 그런데 남선현 시인은 이 '연꽃' 에 의미를 부여한 것이 아니라 그 속에 깃들어 있는 '개구리' 를 바라본다. '구도자의 자세로 두발 들어 합장 한' '개구리' 의 울음소리를 듣는 시인은 울음의 원인을 물질 문명화 된 세상에서 찾는다.

'저 녀석' 으로 지칭 된 개구리는 '울음을 터트리고 있' 다. 시인은 개구리 울음의 원인을 '황소개구리' 로 대유된 '문명' 의 횡포에서 찾는다. 터전을 잃어버린 토종, 전통의 것들이 외래의 것들에게 자리를 빼앗기는 현대의 상황을 비유적으로 표현하면서 '이방인' 을 원망하고 야속해 한다. 이 시에서는 '개구리' 와 '황소개구리' 의 대칭뿐만 아니라 '잡동꽃' 과 '야생화' 로도 대칭된다. '자연' 과 '문명' 이라는 대립구조 속에 표현된 두 이미지의 대립은 우리의 이기심이 정신적 가치를 버리고 물질적 가치를 쫓는 탐욕과 욕망을 적나라하게 드러내고 있다.

더욱 슬픈 것은 우리가 파괴한 '자연'에 의해 우리가 끝내 파괴 될 지경임에도 불구하고 우리는 그 사실을 모른 채 '만물을 구도하는 위세'를 부리고 있다는 사실이다. 이런 어리석음으로 '산사'를 찾는 사람들은 바로 눈앞에서 자신들의 미래인 '개구리'의 울음을 듣고 있지만 그조차 모르고 지나쳐 버린다.

> 오랫동안 병원에 입원해 있다가 집에 돌아온
> 몽돌아재가 씩씩거리고 있다
> 워머 환장 하것능거 어떤 상열이것들이
> 저그 산허리 습진 곳 하늘하늘 안개피면
> 무작에 이쁜디 왠 작것들이 뭉개부럿당가
> 에말이요 영감 인자 그만하씨오
> 포도시 낫어 온 빙 도지것쏘
> 연신 아짐이 아재건강 염려하며
> 말리고 계시다 한마디 거든다
>
> 그랑께 말이여 맬갑시 길 낸다고
> 또 어쩌자고 바랑개빈가 뭔가
> 떠와죽것는디 때양 거시기 한다고
> 글고 쩌그 쩌쪽엔 뚝막아 농사짓것다고
> 해놓고 뱅장 맨들어 앵앵거리고
> 그 뭐어다냐 묵고살것다고 그랑것이여
> 근디 저라고 뭉개농께
> 장맛비에 방천나서 꼬치밭 뭉개불고

고샅 꼬랑 넘쳐서 옴싹 떠내려가고
바람길 열어 주던 봉오리를
빛날미칠을 문질러 흔적도 없이
맨들고 이것이 뭔 조환지 몰것네

뭉개부렀당께 어따 팔짝 뛰것당께
이것을 그랑것이 누구 짓거리랑가
났어 서 왔는디 이꼴본께 없던 빙도 도지것네
아따 참말로 아따 참말로

아재 열불이 떵떵거리는 땅을 부글거리게 한다.

-「임금님 귀는 당나귀 귀」 전문

시인은 자연과 문명에 대한 대립적 구도를 풍자와 해학적으로 풀어가기도 한다. '저그 산허리 습진 곳 하늘하늘 안개피면/무작에 이쁜디 왠 작것들이 뭉개부렀당가' 라며 산을 뭉개버린 '문명' 의 횡포를 비판한다. 특히 '상열것들' 이라든지 '작것들' 이라는 욕을 적나라하게 사용하면서도 사투리를 활용해 은근슬쩍 웃고 넘길 수 있도록 한 장치는 재미를 더한다.

풍자와 해학은 비판하고자 하는 대상을 조롱하는데 자주 쓰는 기법이다. 이 기법을 활용할 때 또 흔히 나타나는 것이 '사투리' 이다. 시인은 전라도 출신 이라는 장점을 이용하여 전라도 특유의 찰진 사투리를 그대로 사용한다. 전통적이고 토속적인 능청스러움과 사실성을 부여받을 수 있는 가장 유리한 시점일 것이다.

하지만 '길' 을 만들고 '바람개비' 를 세우고 '뱅장' 을 만드는 행위들이 '묵고살것다고' 그러는 것임을 알기에 마냥 비판만 할 수는 없다. 때문에 그는 이렇게 '뭉개불고' '흔적도 없이//맨들고' 하는 행위가 '뭔 조환지' 몰라 '환장' 할 수밖에 없다고만 표현한다. 먹고 살 수밖에 없는 인간의 운명과 그것으로 파괴되는 세상에 대한 비극적이면서 역설적인 상황을 바라봐야 하는 것이 '환장' 할 노릇인 시인의 아픔은 겨우 '낫어 서 왔는' 병을 또 도지게 만든다.

시인의 능청스러움과 위트는 '언어의 유희' 를 통해서 나타나기도 한다. '큰골에도 빈독골에도/따라 다니며 구~구/귀가 따갑다 팔십일이냐/이구 십팔이더냐 슬프게 들린/울음소리가 평화롭지 않다' (「구~구」)에서 보듯 평화를 상징하는 비둘기의 울음 소리를 '구~구' 라고 두 번 지칭하여 '팔십일' 을 만들기도 하고 '구,구' 를 '이구' 로 표현하여 '십팔' 이라는 비속어를 연상하게 하기도 한다.

이는 동음이의어와 유사한 단어의 반복을 통한 언어

의 유희로써 풍자와 해학에 대표적으로 쓰이는 기법이다. 이를 이용해 시인은 '개발' 이라는 폭력으로 희생되는 '흙' 이라는 자연을 안타까워하면서 '팔십일든 십팔이든 평화여 오' 기를 소망하고 있는 것이다.

한꾸네 달고왔다 휩쓸고 가면
농알농알 구르는 모래알 사이엔
청소부와 의사 사이에 내가있다

알든 모르든 지가 좋아 맨발로
살살거린 모래 밟다보면
그곳엔 콩알콩알 빗대는 죽음이 있다

개발 게발이냐 계발이더냐
토막난 파괴 피바람 되어
구름떼 몰고 와 검게 삼키고 있다

얼그렁 설그렁 한꾸네 살잖께
썸벅썸벅 파고드는 나는 곪다
못해 고약한 냄새만 뿌리고 있으니

혼자 있으니 후련가 기막힌가~?.

-「한꾸네 살잖께 -엽낭게」 전문

이 시에서는 '농알농알' 이라든지 '살살' 거린다 또는 '콩알콩알' '썸벅썸벅' '얼그렁설그렁' 등의 울림소리와 반복을 통해 리듬감을 부여함으로써 경쾌한 분위기를 빚어내고 있다. 시가 주는 미적 즐거움에는 골계미를 빼 놓을 수 없는데 골계미는 단순한 즐거움에서만 끝나는 것이 아니라 비판과 연민이라는 의도를 갖고 있기 때문에 시를 능청스럽게 하는 효과가 있다.

시에 등장하는 '한꾸네' 는 여수의 '한꾼에' 라는 지명인 듯하다. 전남이 고향인 화자는 전남 사투리를 그대로 사용하여 향토적이고 전통적인 즐거움을 더해준다. 관광객이 돌아간 '한꾸네' 모래사장일까. '한꾸네 달고왔다 휩쓸고 가면' 허전한 모래밭 '청소부와 의사 사이에 내가있다' 고 표현한다.

한 여름 더위를 식히려는 사람들의 무리가 지나간 뒤 쓸쓸한 모래밭, 그러나 정말 쓸쓸한 건 사람이 아니다. 소제목에서 지목한 '염낭게' 는 사람들의 발에 밟히거나 사람들의 맛난 별미가 되어 껍데기만 남은 채 버려진다. '청소부와 의사' 라고 한 것을 보면 모래밭을 지나가던 누군가는 발바닥에 해산물 껍데기가 박혔을 지도 모르겠다. 설령 그랬다 하더라도 피해자는 사람이 아니라 '자연' 일 것이며 시인은 '콩알콩알 빛대는 죽음' 을 발견한다.

또한 시인의 시선은 자연의 파괴자로 문명을 지목한

다. '개발 계발이냐 계발이더냐' 라는 행을 보면 동음이의어, 유사한 발음 등 유희적 언어를 가볍게 사용했지만 '개발' 이라는 문명화가 '계발' 이라는 자연을 파괴한 가해자임을 에둘러 표현하고 있음을 알게 된다. 시상의 전개가 작고 개인적인 것에서 크고 사회적인 것으로 확대되는 부분이다. 시인은 '곪다/못해 고약한 냄새만 뿌리고 있' 다고 하면서 안타까워하면서 마지막으로 독자에게도 질문을 던진다. '후련한가 기막힌가?"

3. 추억과 사랑의 현상학

저녁부터 지끈거리던 이가 탈이 났다.
뜬눈으로 새운 밤
번개치고 천둥으로 들쑤셔 놓으면
뒤틀림은 신음과 한숨 뿐이다
이튿날 치과에 들러 접수 하려는데
흰 비닐봉지 몇 개 놓여있다

합죽이가 된 봉지 주인들의 모습을
바라보니 오래전에 아련하게 느껴지는
어머니의 홍얼거림
고통을 참기 위해 주문 외듯
밤새 서성이며 파리해진 입술 앙당물고
가슴에 맺힌 침묵 소리 죽여 쏟아내며
오물거리던 모습 어른어른 겹치고 있다.

욱신거린 놈 비틀어 뽑고 죽여 약솜 물고
계산하며 봉지를 자세히 보니
그것은 틀니였다 임플란트할 돈 없으면
틀니로 하라며 설명하는 간호사 곁엔
백발 성성한 아짐 망설이며 얼매나 살것다고
아프지나 않게 약이나 지어주랑께 잉
처방전 들고 걷기도 힘겨워 느릿느릿 약국
향하는 뒷 모습 바라보는데
희끄무렇게 멀어지는 그곳엔
빼짝 다가온 내 모습 타인처럼 스친다.

-「간극間隙」 전문

시인의 시는 까칠하고 깐깐하다. 하지만 모든 시가 그렇지는 않다. 아니 그보다 원래 시인은 매우 낭만적이고 감상적인 성격의 소유자인지도 모른다. 특히 시 「간극」에서 보이는 현상학적 구조는 화자의 시에 두드러지게 나타나는 형식이다. 이야기 식으로 너스레를 떨어나가는 설정 속에 사랑이 있고 추억이 있고, 그리움이 있다. 이 시 역시 이가 아파 치과에 간 시인은 '합죽이' 가 된 어르신들을 만난다.

그네들의 모습 속에서 시인이 '어머니의 홍얼거림' 을 추억해 내는 건 당연한지도 모른다. 시인의 어머니는 세상 모든 어머니들이 그렇듯 아픈 이를 '앙다물고' 고통을 견딘다. 얼마나 고통스러울지는 시의 1연을 통해 잘 알 수 있다. '뜬눈으로 새운 밤/ 번개치고 천둥으로 들쑤셔 놓' 는 고통임을 시인은 미리 고백한다. 그 고통을 '어머니' 들은 이를 악물고 참아낸다.

'얼매나 살것다고/아프지나 않게 약이나' 처방받아 약국으로 향하는 대상의 모습에서 고통을 참던 어머니를 추억하고 미래의 자신을 상상한다. 인생이 유한하기에 원하든 원하지 않든 다가오는 늙음. 빗겨갈 수 없는 그것이 어색하고 '타인' 을 느껴지는 것은 인지상정일 것이다.

애들이 머물다간 방에 온기 남아 이불 젖히고
그 자리에 누워 방안 가득 피워 놓은 해묵은 꽃
한 아름 품에 안고 향기에 취해 잠을 청해본다

명절 보따리 풀어놓고 따사로운 햇살에
지난날을 버물어 전 부치고 나이를 끓여
한입 가득 넣고 얼음 같은 몸을 녹이던
녀석들 마음이 온몸에 퍼져 등짝이 넉넉하다

며칠 지난 골목엔 들고양이 울음뿐
떠난 자리 시려와 스산함 깨우고
그마저 시끄러운지 컹컹대는 앞집 살살이가
아이들 웃음처럼 왈왈거린다.

어른거린 꽃들이 바람에 날려
가슴팍에 내려앉아 햇빛 저미고
애써 미소 지어보지만 흩어진 잎들
마음 안에 갇혀 다음 명절 손꼽고 있다.

이내 어디선가 들릴 듯 말 듯 매구소리
달빛 한 송이 끌어안고 하얗게 내려앉아
토닥토닥 부럼 깨물던 녀석들 이름 부르며
액운 쫓듯 사방 휘저어 선잠 감추고 있다

-「부럼」 전문

「간극」이 '어머니' 를 추억하며 '늙음' 에 대한 감회를 표현한 시라면 이 시는 '아이들' 로 표현된 자식들 또는 손주들에 대한 그리움을 표현한 시라 할 수 있다. 시에서 '애들' 은 이미 가고 없다. 그러나 시인은 '그 자리에 누워' 그 사랑스러운 이들을 떠올린다. 더욱이 '지난날을 버물어 전 부치고 나이를 끓여' 낸다는 알레고리는 그리움을 한층 강화하고 있다.

사랑하는 이들이 왁자하게 머물다가 떠난 자리엔 '고양이' 와 '삽살이' 가 남아 있고 시인은 '떠난 자리가 시려' 온다. 그러나 아버지이거나 할아버지일 시인은 '애써 미소 지어' 그리움을 달래고 '다음 명절을 손꼽' 는다. 그리움이 가지시 않는지 시인은 '선잠' 을 토닥이면서 '부럼 깨물던 녀석들 이름을 부르며' 밤을 지새운다.

어떤 그리움보다 더 아름답고 강렬한 그리움이 있다면 그것은 자식에 대한, 그 자식의 자식에 대한 그리움일 것이다. 그렇지 않고 서야 이렇게 눈물 나는 시가 아름다울 수 있겠는가. 때문에 시인에게서는 직설적이고 깐깐한 시선 뒷면에 배경처럼 자리 잡은 낭만적이고 서정적인 감성을 느낄 수 있는가보다.

시인이 추억하고 사랑하는 것들은 살아가는 모든 이들이다. 시인의 시선이 머무는 곳도 특정한 곳이 아니라 모든 곳이다. '글벗' 이며 '친구' 며 '연인' 이 그렇고 (「유월을 맞으며」)고덕에서 만난 여인에 대한 '아름답고 애잔하다' 는 표현이 그렇다.(「고덕에는」) 그의 시를 관통하는 소소한 추억들과 이들에 대한 사랑과 그리움의 감정들은 때로는 아프게 때로는 재미있게 묘사되어 나타난다.

이와 같이 남선현 시인의 시집 『간극』에는 다양한 목소리가 등장한다. 사회를 비판하는 깐깐한 시선이 있는가 하면 전통적이며 해학적인 언어들을 이용한 자연과 문명에 대한 묘사가 있고 사랑과 추억과 그리움을 이야기하는 낭만적인 목소리가 있다. 그러나 이토록 다양한 목소리가 있음에도 불구하고 시집을 관통하는 한가지의

줄기가 있었다. 그것은 시인이 대상을 바라보는 한결같은 시선 즉 '애정' 이었다.

그의 시는 서정시이지만 단순한 서정으로 그치지 않는다. 해학과 풍자가 어우러진 서슬 퍼런 비판의 칼날이 숨어있는가 하면 아픈 것들을 감싸 안고 위로하려는 태도가 있다. 한편 그가 자주 다녔던 것으로 추측되는 '바다' 와 '길' 들을 통해 가깝거나 먼 주변의 대상들에게 갖는 연민 또한 눈 여겨 볼만 하다.

끝까지 이야기식의 어조를 유지하면서 감정에 몰입하는 것을 배제하려는 노력에도 불구하고 아픔이 느껴지는 이유는 오랜 세월동안 시 쓰기를 통해 감정을 다스리고 조절하였기에 가능했을 것이다. 그것이 바로 '다양하지만 한결같은 목소리의 힘' 을 발견할 수 있었던 이유이기도 하다. ■